Dr. Vogelsang ist Tierarzt. **Seine Frau Ruth** unterstützt ihn in der Praxis Bärental als Sprechstundenhilfe. Und weil die beiden auch noch drei Kinder haben, ist ihnen garantiert nie langweilig.

Felix Vogelsang genießt das freie Leben in Bärental. Vor allem, dass er hier selbst Traktor fahren darf. Nur den Radau-Hahn Bertl, der alle mit dem ersten Sonnenstrahl aus den Federn kräht, wünscht er allmorgendlich in den Kochtopf.

Antonia Vogelsang – Toni, die Älteste, ist in der Stadt aufgewachsen. Sie konnte sich beim besten Willen nicht vorstellen, einmal in einem »Kuhkaff« wie Bärental zu wohnen. Dass sie ihre Meinung schnell geändert hat, liegt nicht nur an Wolke, dem Islandpony.

Mathilde Bleibtreu ist einfach unentbehrlich. Über Tiere weiß sie fast alles. Dazu ist sie herzensgut und eine wahre Perle im Haushalt. Ihr Rührkuchen – mhhh!

Brigitte Endres

Tierarztpraxis Bärental

Islandpony in Not

mit Illustrationen von
Lisa Althaus

HERDER

FREIBURG · BASEL · WIEN

1. Ein neuer Tag in Bärental

»Irgendwann dreh ich diesem Krawallgockel den Kragen um«, stöhnte Frau Vogelsang mit einem Blick auf den Wecker und hielt sich genervt die Ohren zu.

»Schlaf weiter!«, brummte Dr. Vogelsang und drehte sich um.

Bertl, der nachbarliche Hahn, hatte sie wie jeden Morgen viel zu früh aus dem Schlaf gerissen.

Im rechten Turmzimmer des alten Forsthauses drückte sich Felix das Kopfkissen auf die Ohren und schlummerte gleich wieder ein. Linchen, die Jüngste der Familie Vogelsang, träumte selig weiter, sie hatte sich an das morgendliche Krähkonzert längst gewöhnt.

Antonia im anderen Turmzimmer gähnte.

Dieser Hahn war eine wahre Nervensäge! Aber nicht nur Bertl begrüßte den neuen Tag in vollster Lautstärke. Sämtliche Vögel in Bärental schienen es heute darauf angelegt zu haben, sie nicht mehr einschlafen zu lassen. Antonia verschränkte die Arme hinter dem Kopf und blinzelte zum Fenster hinüber. Was für ein herrlicher Sonnentag! Bertl stieß erneut ein markerschütterndes Kikeriki aus. Antonia seufzte. Das gehörte eben auch zum Landleben! Es war noch gar nicht lange her, dass ihr Vater Dr. Vogelsang die Tierarztpraxis seines verstorbenen Onkels, Ernst Vogelsang, übernommen hatte. Seither wohnten sie hier im alten Forsthaus. Sie dachte daran, wie sehr sie sich anfänglich dagegen gewehrt hatte, nach Bärental zu ziehen. Aus der Großstadt in ein Kuhkaff, zu lauter Landeiern!

Aber jetzt würden die Mädchen aus ihrer alten Klasse sie bestimmt beneiden – sogar Lara.

Lisa Hasler, ihre neue Freundin hier in Bärental – die so gar kein Landei war –, hatte ihr das Reiten beigebracht! Wolke, das hübsche braune Islandpony, das Lisa ihr anvertraut hatte, verstand inzwischen jedes Kommando. Antonia sah auf die

Uhr. Mathilde war sicher schon in der Küche. Sie schälte sich aus dem Bett und zog den Morgenmantel über.

Als sie unten auftauchte, gab Frau Vogelsang eben Kaffeepulver in die Maschine, während Mathilde frisches Wasser in Bernhards Napf goss. Die beiden Frauen drehten sich erstaunt zu Antonia um. Der große Bernhardiner begrüßte Antonia mit einem freundlichen Schwanzklopfen.

»Konntest du auch nicht mehr einschlafen?«, fragte Frau Vogelsang.

Antonia winkte ab. »Macht aber nichts. Dann bin ich früher bei den Pferden und kann Lisa im Stall helfen. Und Wolke freut sich immer so, wenn ich komme.«

»Bist hier schon 'ne richtige Reiterin geworden, Toni«, sagte Mathilde, während sie sich ächzend aufrichtete. »Ich kenn Wolke gut. War ziemlich krank im letzten Jahr. Ein liebes Pony! Gut, dass es jetzt Bewegung hat. Die Besitzerin kümmert sich ja leider nicht mehr um das Tier.«

Antonia nickte traurig. »Ich weiß. Lisa sagt, nicht mal mehr die Stallmiete wird bezahlt. Ihr Vater hat schon alles Mögliche versucht, die Frau zu erreichen. Aber das Telefon ist abgestellt und Briefe kommen zurück.«

Mathilde schüttelte den Kopf. »Erst ein Tier anschaffen und sich dann abseilen. Das klemmt einem das Herz ab.« Sie öffnete die Terrassentür. »Werd jetzt mal meine einbeinigen Lieblinge versorgen. Die brauchen auch Zuwendung. Scheint ein heißer Tag zu werden.« Damit schnappte sie sich die Gießkanne und verschwand im Garten. Bernhard erhob sich schwerfällig und trottete hinter ihr her.

»Mathilde ist wirklich eine gute Haut«, sagte die Mutter.

»Und Bernhard auch«, ergänzte Antonia. Dann grinste sie. »Und beide sind Erbstücke.«

Ihre Mutter lachte. »Stimmt, auch die beiden hat uns Onkel Ernst vermacht. Ich habe mich schon richtig an die zwei gewöhnt. Ich finde es jetzt ganz super, dass Mathilde fast den ganzen Haushalt macht.«

»Zwei ungewöhnlich nette Erbstücke«, witzelte Antonia. »Überhaupt ist Bärental gar nicht so übel. Mir graust nur vorm Schulanfang. Allein schon die Busfahrerei nach Altenmark. Bestimmt müssen wir dann jeden Tag mit Bertl aufstehen.«

»Bis dahin ist ja noch Zeit«, tröstete sie Frau Vogelsang. »Genieß jetzt erst mal die Ferien!«

Aber das tat Antonia ohnehin aus vollen Zügen! Gut gelaunt sprang sie wenig später beim Hasler-Hof vom Fahrrad. Da niemand zu sehen war, ging sie dem Geschepper nach, das aus der Milchkammer drang.

»Du bist ja früh auf den Beinen«, empfing sie Frau Hasler, die eben die Melkmaschine desinfizierte. »Lisa ist schon drüben bei den Pferden.«

Auf dem Weg nach draußen stieß Antonia fast mit dem Bauern zusammen. »Geht's wieder zu den Pferden?«

Antonia nickte. Herr Hasler machte eine Pause. In seinem Blick lag plötzlich etwas sehr Ernstes. »Ist ja schön, dass du dich um Wolke kümmerst. Aber mit Wolke gibt es, wie du wahrscheinlich weißt, ein Problem …«

Antonia sah ihn erschrocken an. Was kam jetzt? Bauer Hasler kratzte sich unschlüssig am Kinn. Dann sagte er: »Lauf zu!«

Erleichtert verabschiedete sie sich und sauste zu den Pferdeställen.

Während Antonia Lisa schon beim Ausmisten half, trudelten Linchen und Dr. Vogelsang in der Küche ein.

Frau Vogelsang stellte ihrem Mann eine Tasse Kaffee hin. »Du musst dich beeilen! In einer halben Stunde fängt die Sprechstunde an. Ein

Kaninchen und ein Yorkshireterrier warten schon unten.«

»Ui, ein Yorkshire! Papsili, darf ich zugucken?«, rief Linchen.

»Papsili« runzelte die Stirn. Aber wie meistens, wenn seine Jüngste etwas von ihm wollte, brachte er es nicht übers Herz »nein« zu sagen.

»Warum gehst du nicht zum Maxl rüber? Und Pippilinchen wartet sicher auch auf dich«, schlug Linchens Mutter vor. »Papa macht es nervös, wenn so viele Leute in der Praxis rumstehen.«

Pippilinchen war Linchens Patenkalb, sie hatte nämlich für das neugeborene Kälbchen einen Namen auswählen dürfen und sie nahm ihr Rolle als Patin sehr ernst. Jeden Tag besuchte sie Pippilinchen auf der Weide, wo es mit den anderen Jungtieren den Sommer verbrachte.

»Ich will ja nur den kleinen Hund sehen«, nörgelte Linchen. »Bernhard darf auch immer dabei sein und ich brauch viel weniger Platz und ich bin auch ganz lieb – und dann geh ich zum Maxl.«

Die Mutter seufzte. Es war wirklich nicht leicht, Linchen etwas abzuschlagen.

2. Lange Ohren, kurze Beine

Pünktlich um halb neun trabte Bernhard durch die offene Tür in den Praxisraum und ließ sich auf seine Decke fallen. Linchen setzte sich zu ihm und kraulte ihn zwischen den Ohren.

Frau Vogelsang, die bis vor Kurzem noch als Arzthelferin bei einem Internisten gearbeitet hatte, jetzt aber ihrem Mann in der Tierarztpraxis half, rief den ersten Patienten auf.

Ein untersetzter Mann mit einer Baskenmütze schleppte eine Plastikbox herein. Linchen steckte verblüfft den Finger in die Nase, als er ein hellbraunes Kaninchen herausholte, dessen Ohren wie große Lappen bis auf den Behandlungstisch schlabberten. So ein Kaninchen hatte sie noch nie gesehen!

Dr. Vogelsang stellte auf den ersten Blick fest, was dem Tier fehlte. Es hatte einen langen Riss im Ohr, der sich hässlich entzündet hatte, eiterte und nässte.

»Ein englischer Widder«, sagte der Mann. »Mein bester Zuchtrammler. Hat viele Preise gewonnen. Ist irgendwo mit dem Ohr hängen geblieben. Ich hab ihn erst auf eigene Faust verarztet, es wurde aber nicht besser und seit ein paar Tagen frisst er nicht.«

»Reich mir bitte mal das Fieberthermometer!«, sagte Dr. Vogelsang zu seiner Frau.

Das Kaninchen reagierte kaum, als Dr. Vogelsang ihm das Thermometer unter den Schwanz schob.

»41«, sagte er kurz darauf mit einem Blick auf die Digitalanzeige.

»Um Himmels willen!«, stieß Frau Vogelsang aus.

Dr. Vogelsang legte das Thermometer beiseite. »Halb so wild, Kaninchen haben eine Normaltemperatur von bis zu 40 °C. Trotzdem, die Temperatur ist erhöht – scheint eine massive Entzündung zu sein.«

Er kramte eine Lupe aus der Kitteltasche und betrachtete das Ohr eingehend. Als er es berührte, fuhr das Tier zusammen.

»Sieht übel aus. Er muss ziemlich Schmerzen haben. Sie hätten längst kommen müssen!«

Der Mann zuckte mit den Schultern. »Ich dachte, ich krieg's in den Griff. Bin doch ein alter Hase mit Kaninchen!« – Er lachte. »Lustiges Wortspiel – Hase – Kaninchen …«

Linchen ärgerte sich. Das arme Kaninchen war krank, und sein Besitzer machte dumme Witze. Dr. Vogelsang säuberte die Wunde und legte mithilfe seiner Frau einen Verband an. Dabei stellte er fest, dass das Ohr auch innen entzündet war.

»Milben!«, sagte er zu dem Mann, während er nun auch das andere Ohr untersuchte. »Dagegen müssen Sie etwas unternehmen!«

Er holte eine Salbe aus dem Medikamentenschrank. »Zweimal täglich ins Ohr geben!« Dann schrieb er noch ein Rezept aus. »Das ist ein Antibiotikum, das kriegen Sie in der Apotheke. Dreimal am Tag, eine Woche lang! Dann lassen sie mich den Patienten noch mal anschauen!«

»Muss das sein?«, brummte der Mann.

»Es ist Ihr Kaninchen«, sagte Dr. Vogelsang unterkühlt und setzte das Tier vorsichtig in die Box zurück.

»Der war ein Dummer!«, schimpfte Linchen, als der Mann draußen war. »So ein süßes Kaninchen. Hab noch nie eins mit so langen Ohren gesehen.«

»Ein ›Widder‹, eine besondere Rasse«, erklärte ihr Vater. »Den armen Viechern werden superlange Ohren hingezüchtet. Das soll schön sein! Völliger Unsinn so was! Ist ja klar, dass sie sich dran verletzen, weil sie überall hängen bleiben damit. Und das mit den Milben ist auch typisch, das hab ich schon x-mal bei Widderkaninchen gesehen. Die können sich ja die Ohren nicht richtig saubermachen. Für Milben und Bakterien ein idealer Brutplatz – warm und feucht. Außerdem hören die armen Viecher schlecht. In der Natur könnten sie gar nicht überleben. Ohren spitzen, wie es normale Kaninchen machen, geht ja nicht, ein gefundenes Fressen für Fuchs und Konsorten.«

Frau Vogelsang wischte den Behandlungstisch ab. »Wenn sich der Mensch in die Natur einmischt, kommt meistens nichts Gescheites raus. Draußen wartet schon das nächste Beispiel.«

»Wenn du den Yorkshire meinst – das kann man nicht ganz vergleichen. Die hat man nicht auf Aussehen gezüchtet, sondern für die Jagd«, korrigierte Dr. Vogelsang seine Frau.

»Die sind doch viel zu klein zum Jagen!«, wandte Linchen ein und kuschelte sich wohlig an Bernhard.

»Aber nicht für die Rattenjagd«, entgegnete Dr. Vogelsang.

Seine Frau sah erstaunt hoch. »Ih, Ratten! – Wirklich!«

Dr. Vogelsang nickte. »Tatsache! So klein die Biester sind, sie sind immer noch richtige Hunde. Und dazu intelligent. Aber sie brauchen Beschäftigung. Keine Sofahunde – und da liegt meistens das Problem. Weil sie so nett und lieb aussehen, werden sie oft verhätschelt und nicht richtig gefordert.«

Er ging zur Tür. »Der Nächste bitte!«

Eine junge blonde Frau in modischer Jeans, bauchfreiem Top und hochhackigen Schuhen trat ein. Sie hielt einen kleinen, heftig zitternden Hund auf dem Arm.

»Netty ist total nervös«, sagte sie und zupfte fahrig an der rosa Schleife herum, die Nettys Haarschopf zierte. »Aber die Impfung muss doch sein! Tun Sie ihr bitte nicht weh, Herr Doktor!« Damit setzte sie ihren Liebling auf den Behandlungstisch.

»Haben Sie den Impfpass dabei?«, fragte Dr. Vogelsang.

Die junge Frau kramte hektisch in ihrer Handtasche und zog ein kleines Büchlein heraus.

Dr. Vogelsang blätterte darin und wandte sich dann zu seiner Frau. »Die Dreifachimpfung muss aufgefrischt werden. Machst du sie bitte fertig, Ruth?«

Das Hündchen stand mit eingezogenem Schwanz auf dem Tisch und winselte.
Die junge Frau kämpfte mit den Tränen.
»Netty regt sich beim Tierarzt immer so schrecklich auf!«

Dr. Vogelsang warf seiner Frau einen vielsagenden Blick zu.

Frau Vogelsang tätschelte den Arm der Besitzerin. »Machen Sie sich keine Sorgen! Der Doktor kann es gut mit kleinen Hunden.«

Dr. Vogelsang ließ Netty an seiner Hand schnuppern und sprach beruhigend auf sie ein. Dann desinfizierte er die Einstichstelle und setzte vorsichtig die Nadel. Netty jaulte auf. Ein gelbes Bächlein ergoss sich über den Tisch.

Dr. Vogelsang zog die Spritze wieder heraus und strich dem Hündchen zart über die Schleifenfrisur. »Machen brave Mädchen denn so was? Du hast es doch schon geschafft!«

»Tut mir leid«, entschuldigte sich Nettys Besitzerin. »Das ist die Aufregung.«

Frau Vogelsang zog sich Gummihandschuhe über, während Dr. Vogelsang die Impfung in den Pass eintrug.

»Das kommt schon mal vor«, sagte sie und wischte die Pfütze mit Küchenpapier weg.

Als sie wieder unter sich waren, schüttelte Frau Vogelsang den Kopf. »Und so was soll Ratten fangen? Dieser kurzbeinige Zitterfleck rennt doch schon weg, wenn er nur was quieken hört.«

Dr. Vogelsang lachte. »Netty wäre sicher viel mutiger, wenn ihr Frauchen nicht so ein Angsthase wäre. Das Mädel war ja das reinste Nervenbündel! Völlig klar, dass sich das auf den Hund überträgt.«

»Aber süß war die Netty«, sagte Linchen. »So einen niedlichen kleinen Hund hätt ich auch gern. Der könnte bei den Meerschweinchen wohnen.«

»Ich denke, mit Bernhard hast du genug Hund«, meinte ihre Mutter.

Linchen gab Bernhard einen Kuss. »Bernhard würd ich ja auch nie im Leben hergeben.«

»Linchen, man küsst keinen Hund!«, ermahnte sie Frau Vogelsang streng. »Das ist ungesund.«

»Wird der Bernhard jetzt krank?«, fragte Linchen erschrocken.

Aber da streckte Mathilde den Kopf durch die Tür. »Der Hasler-Maxl ist da. Kommst du mit ihm spielen, Carolinchen?«

3. Kummer mit Wolke

Felix war unterdessen aufgestanden und frühstückte allein. Er nahm einen großen Schluck Milch aus dem Glas, das Mathilde für ihn hingestellt hatte. Die Milch kam direkt von Haslers Kühen, fühlte sich sahnig und sanft auf der Zunge an, ganz anders als die aus dem Supermarkt. Jeden Abend holten sie nach dem Melken einen Liter frische, kuhwarme Milch. Kuhwarm mochte er sie nicht so gern, aber aus dem Kühlschrank schmeckte sie einfach unvergleichlich. Er trank das Glas in einem Zug aus und wischte sich mit einem genüsslichen »Ahh!« über den Mund.

Aber nicht nur die Milch war hier anders als in der Stadt. Eigentlich war alles anders. Wie schwer war ihm der Umzug nach Bärental gefallen, und wie schnell hatte er sich hier eingewöhnt. Felix sah auf die Küchenuhr. Bestimmt war Tobi schon auf. Er schnappte sich ein Stück von Mathildes unvergleichlichem Rührkuchen und machte sich auf den Weg zum Hasler-Hof.

Antonia und Lisa hatten die Pferde inzwischen schon auf die Koppel gebracht. Vier große Pferde und zwei Ponys beherbergte der Hof. Ein hübscher dunkelbrauner Wallach, Sunny, gehörte Lisa. Die anderen waren Pensionspferde. Auch Wolke, das große Islandpony, auf dem Antonia das Reiten gelernt hatte. Da sich Wolkes Besitzerin schon lange nicht mehr hatte blicken lassen, hatte Lisa Wolke für Antonia ausgesucht. Es tat dem Pony sichtlich gut, dass es nun wieder mehr Zuwendung fand. Kaum tauchte Antonia auf, kam es auf sie zu und holte sich seine Streicheleinheiten. Und ihre ersten Ungeschicklichkeiten beim Reitenlernen hatte Wolke geduldig über sich ergehen lassen. Ein richtig gutes Team waren die beiden mittlerweile geworden.

Die Mädchen hatten Sunny und Wolke noch im Stall gesattelt, sie wollten heute einen kleinen Ausritt zum Waldweiher unternehmen. Zottl, der struppige Mischlingshund der Haslers, der die beiden wie so oft auch heute begleitete, kläffte erfreut, als Lisa und Antonia sich auf die Pferde schwangen. Das sah nach einem längeren Ausflug aus! Das erste Stück ging es über eine frisch gemähte Wiese. Wie gut das roch! Stolz wie ein Schneekönig saß Antonia im Sattel. Sie fühlte, wie sich die Bewegungen des Tieres auf sie

übertrugen. Wolke und sie waren eine Einheit. Was gab es Schöneres als reiten? Was hatte sie nur all die Jahre ohne Wolke gemacht?

Das Islandpony trottete zunächst brav hinter Sunny und Lisa her. Als sie dann aber auf einen geteerten Weg kamen, veränderte sich sein Schritt. Es schien plötzlich unsicher auf den Beinen, wich vom Weg ab, suchte immer wieder das weiche Gras am Seitenrand. Antonia lenkte es jedes Mal zur Mitte zurück, aber Wolke hielt sich hartnäckig am Wegsaum. Was war nur mit ihr los?

»Lisa!«, rief Antonia.

Lisa drehte sich um.

»Ich glaub, mit Wolke stimmt was nicht. Sie geht so komisch.«

Lisa hielt Sunny an. »Reit mal ein Stück vor mir her!«

Nach einer kurzen Wegstrecke stoppte Lisa Antonia. Sie wirkte sehr beunruhigt.

»Das gefällt mir gar nicht. Sieht aus, als bekäme Wolke wieder Hufrehe. Die hat ihr im letzten Jahr schon zu schaffen gemacht.«

»Hufrehe?«, wiederholte Antonia.

»Eine Hufkrankheit«, erklärte ihr Lisa. »Wolke versucht, auf weichem Untergrund zu gehen. Der harte Boden tut ihr offenbar weh. Besser, wir gehen zurück. Das muss sich mein Dad ansehen.«

Antonia stieg betroffen ab. »Ich geh zu Fuß. Ich will nicht, dass Wolke mich jetzt auch noch schleppen muss.«

Lisa nickte und stieg aus Freundschaft ebenfalls ab. Zottl, der einige Meter vor ihnen hergelaufen war, kam zurück. Etwas ratlos blieb er auf dem Weg stehen und hielt fragend den Kopf schief.

»Tut mir leid für dich, Zottl. Ausflug beendet!«, sagte Lisa.

Antonia war zutiefst besorgt. »Ist das schlimm, diese …«

»Hufrehe«, ergänzte Lisa. Dann nickte sie. »Fürchte ja, da entzünden sich die Hufe und schwellen an. Bei Wolke scheint die Rehe chronisch zu sein. Es dauerte ewig, bis wir sie damals wieder gesund hatten. Der alte Dr. Vogelsang hat sich zum Glück toll um sie gekümmert. Mein Dad wird sicher nicht begeistert sein, wo die Besitzerin schon so in den Miesen steht.«

»Wie meinst du das?«, fragte Antonia ahnungsvoll.

Lisa zuckte hilflos mit den Schultern. Den ganzen Weg über hatte Antonia das ernste Gesicht des Bauern vor Augen, als er sie am Morgen wegen Wolke angesprochen hatte.

Lisa hatte mit ihrer Vermutung recht gehabt. Ihr Vater war wirklich alles andere als begeistert, als die Mädchen das Pony zu ihm brachten. Mit einem kurzen Blick auf die Vorderhufe bestätigte er Lisas Vermutung.

»Ich fürchte, es ist wirklich schon wieder Hufrehe. Wahrscheinlich wird sie immer wieder neue Reheschübe bekommen. Und was das heißt, weißt du, Lisa …«

Lisa nickte beklommen.

Antonia drückte es fast das Herz ab. »Und was heißt das?«

Bauer Hasler wischte sich mit seinen großen derben Händen übers Gesicht und seufzte. »Das heißt Hufschmied, Tierarzt, besonderes Futter, Medikamente, Pflege – also: Kosten über Kosten. Und wer soll das alles bezahlen?«

»Paps ist Tierarzt, er würde sicher kein Geld verlangen«, beeilte sich Antonia zu sagen.

»Damit ist es ja nicht getan«, entgegnete ihr Lisas Vater. »Diese Ponys neigen zur Rehe.« Er schüttelte den Kopf. »Wir können doch nicht ewig ein fremdes Tier durchschleppen, noch dazu eines, das chronisch krank ist. Mit der Landwirtschaft allein ist nicht mehr viel Geld zu verdienen. Wir sind auf zahlende Gäste angewiesen. Das müsst ihr verstehen!«

Antonia riss entsetzt die Augen auf. Sie brachte keinen Ton heraus.

»Was hast du vor?«, fragte Lisa bang.

Bauer Hasler zuckte mit den Schultern. »Das weiß ich noch nicht. Die Besitzerin ist unbekannt verzogen. Wenn sie wenigstens zahlen würde – aber da sehe ich offen gestanden schwarz.« Resigniert den Kopf schüttelnd ging er zu seiner Arbeit zurück.

Antonia brach in Tränen aus.

Lisa legte einen Arm um ihre Schultern. »Komm, wir polstern Wolkes Box aus. Vielleicht erholt sie sich ja diesmal schneller und mein Dad überlegt es sich noch mal.«

»Hey, was ist denn mit dir los?« Felix, der eben mit Tobi aus dem Haus gekommen war, ging verwundert auf seine laut schluchzende Schwester zu.

In kurzen Worten erklärte Lisa, was vorgefallen war.

»Mist«, sagte Tobi. »Schon wieder Hufrehe. Das ist übel!«

»Das soll sich erst mal unser Vater anschauen«, wandte Felix ein.

Tobi sah Lisa prüfend an. »Weiß Dad schon Bescheid?«

Antonia heulte laut auf.

»Halt die Klappe!«, fuhr Lisa ihren Bruder an. »Helft uns lieber, die Box mit Stroh auszupolstern, damit Wolke weicher steht! Dann können wir inzwischen ihre Hufe kühlen.«

Während die Jungs ordentlich Stroh in die Box schafften, duschten Antonia und Lisa Wolkes Hufe mit kaltem Wasser ab. Gottergeben ließ Wolke alles mit sich geschehen. Dann brachten die Mädchen das Pony, das sichtlich Schmerzen hatte, über den gepflasterten Hof in den Stall.

4. Felix hat einen Plan

Obwohl Mathilde auch heute wieder einmal bewies, dass sie eine hervorragende Köchin war, brachte Antonia beim Mittagessen nicht einen Bissen herunter. Aber auch die anderen Familienmitglieder nahmen Anteil an ihrem Kummer.

»Ein Jammer um die arme Wolke«, sagte Mathilde. »Aber so eine chronische Hufrehe ist eine vertrackte Sache.«

»Kann man denn gar nichts dagegen machen?«, fragte Antonia mit Tränen in den Augen.

»Viel Geduld, viel Pflege, das richtige Futter …« Mathilde seufzte. »Der Hasler ist ein anständiger Kerl, aber ich verstehe, dass er das Tier nicht länger durchbringen kann. Inzwischen müssen schon allein die ausstehenden Stallkosten den Wert des Pferdes aufwiegen. – Und so ein krankes Tier ist ohnehin so gut wie unverkäuflich.«

»Laminitis«, sagte Dr. Vogelsang gedankenvoll. »Eine Entzündung der Huflederhaut.«

Mathilde nickte. »Der Ernst hat das Pony im letzten Jahr wieder gut hingekriegt. Und berechnet hat er auch nichts. Aber trotzdem musste der Hufschmied bezahlt werden und die Pflege war auch ziemlich aufwendig.«

»Aber das würde doch ich machen!«, rief Antonia verzweifelt. »Wenn man wenigstens herausfinden könnte, wo die Besitzerin jetzt lebt. Vielleicht käme sie wenigstens für einen Teil der Kosten auf.«

Linchen thronte am Kopfende des Tisches, unter ihr lag an seinem Stammplatz Bernhard. Mit den Füßen wühlte sie in dem weichen Fell des Bernhardiners, während ihr rechter Zeigefinger wieder einmal in der Nase steckte. Wer sie kannte, wusste, dass sie angestrengt nachdachte.

»Weißt du was, Toni?«, sagte sie schließlich. »Morgen erzähl ich Wolke ein Märchen. Dann wird sie bestimmt bald gesund.«

Antonia musste trotz ihrer Sorgen lächeln.

Linchen bekam von Mama immer Märchen erzählt, wenn sie krank war.

»Das ist sehr lieb von dir«, sagte die Mutter. »Aber nimm jetzt bitte den Finger aus der Nase!«

Schmollend tat Linchen, wie ihr befohlen, und wischte den Finger an ihrem Pulli ab.

»Carolinchen, du bist ein Ferkel!«, stellte Mathilde kopfschüttelnd fest. »Aber ein sehr liebes!«

Felix stocherte nachdenklich auf seinem Teller herum, ihm war nämlich auch eine Idee

gekommen. »Es muss doch herauszufinden sein, wo die Besitzerin jetzt wohnt. Toni hat recht, die Frau weiß ja gar nicht, wie es um Wolke steht.«

»Vielleicht ist sie krank oder sie hat sonstige Schwierigkeiten«, meinte Frau Vogelsang. »Eigenartig ist das schon, dass sie sich so gar nicht mehr um das Pony kümmert.«

Mathilde zog die Augenbrauen hoch. »Wenn ihr mich fragt, hatte Wolke schon chronische Hufrehe, als diese Person das Pony beim Hasler eingestellt hat. Ich glaub ja, die Frau wollte das Tier bequem loswerden.«

»Und wie willst du an die Adresse rankommen, Felix?«, mischte sich nun der Vater ein.

»Übers Internet natürlich«, erklärte Felix. »Die Haslers haben einen Anschluss.«

»Wir hoffentlich auch bald«, seufzte die Mutter, »ich hab schon vor zwei Wochen einen beantragt. Ich muss jedes Mal nach Altenmark fahren, wenn ich eine Überweisung machen muss.«

»So'n moderner Kram!«, jammerte Mathilde. »Neulich erst hab ich gelesen, dass Computerstrahlen gefährlich sind.«

Dr. Vogelsang lachte. »Das haben die Leute früher von den Radiowellen auch gedacht. Du bist doch sonst kein Angsthase. Sogar die bissige Bulldogge von neulich hat vor dir gekuscht. Und glaub mir, der Computer beißt ganz bestimmt nicht.«

Mathilde stellte beleidigt die Teller zusammen. »Mach dich nur über mich lustig, mein Junge!«

Gleich nach dem Mittagessen radelte Felix zu Tobi hinüber. Auch Herr Hasler fand Felix' Idee gut.

»Maggy Aumiller«, sagte er. »Sie hat damals eine Adresse in Neustadt angegeben, aber da ist sie schon seit einem Jahr nicht mehr erreichbar. Wird nicht leicht sein, sie zu finden.«

Tobi und Felix setzten sich an den PC und gaben den Namen in verschiedene Telefonverzeichnisse ein. Doch ohne Erfolg. Aumillers gab es viele, aber eine Maggy war nicht darunter. Und auch die Suche nach Magda und Margarete ergab nichts.

»Ich fürchte, das wird nichts werden«, sagte Tobi entmutigt. »Die Frau ist untergetaucht.«

Felix trommelte nervös mit den Fingern auf der Tischplatte herum. Man sah ihm förmlich an, wie es in ihm arbeitete.

Plötzlich leuchteten seine Augen. »Ich hab's! Wir suchen alle Aumillers aus Neustadt heraus und fragen, ob sie mit einer Maggy verwandt sind.«

Tobi klopfte ihm bewundernd auf die Schultern. »Felix, das Hirn!«

Und tatsächlich! Die beiden wurden schon beim dritten Anruf fündig. Ein Mann meldete sich.

»Maggy?«, wiederholte er. »Das ist meine Schwester. Aber ich hab kaum Kontakt mit ihr.«

Tobi übergab den Hörer triumphierend an seinen Vater, der eben hereingekommen war.

Als Herr Hasler wenig später auflegte, nickte er den beiden Jungs anerkennend zu. »Gut habt ihr das gemacht! Der Mann war zum Glück halbwegs vernünftig.«

»Und? Bezahlt er für Wolke?«, fragte Tobi gespannt.

Sein Vater schüttelte den Kopf. »Das leider nicht. Seine Schwester ist schon vor einigen Monaten abgetaucht. Sie hatte in Neustadt eine Boutique eröffnet und damit Pleite gemacht. Sie muss einen riesigen Schuldenberg hinterlassen haben. Zuletzt hat sie sich aus Kanada gemeldet.«

»Aber was geschieht jetzt mit Wolke?«, fragte Felix.

»Ihr Bruder hat sich bereit erklärt, Wolke abholen zu lassen. Er muss nur jemanden finden, der sie übernimmt. Wird nicht leicht sein, so ein krankes Tier zu verkaufen. Aber so käme ich wenigstens zu einem Teil von meinem Geld.«

5. Umschläge und Märchen

Die Nachricht, dass Wolke abgeholt werden sollte, munterte Antonia nicht gerade auf. Sie brach erneut in Tränen aus, als die Jungs etwas betreten im Stall aufkreuzten und mit der Neuigkeit herausrückten. Sie hatten selbst auf ein erfreulicheres Ergebnis ihrer Aktion gehofft.

Lisa streichelte Antonia übers Haar. »Mach dir nicht so viele Sorgen! Ich glaub nicht, dass jemand ein chronisch krankes Pony kauft.«

Tobi warf seiner Schwester einen vielsagenden Blick zu, der nichts Gutes verhieß. Lisa presste drohend den Mund zusammen. Tobi sagte nichts, aber Felix verstand sofort, was in diesem Blick lag. Ihn schauderte.

»Das Wichtigste ist, dass wir Wolke so schnell wie möglich gesund bekommen!«, sagte Lisa. »Dann sehen wir weiter.«

»Paps kommt heute Abend mit Mathilde vorbei und schaut sich Wolke an«, schluchzte Antonia und schmiegte ihren Kopf an das Pony, das mit gekrümmtem Rücken in der Box stand und versuchte, die Vorderbeine zu entlasten.

Mit hängenden Schultern verließen die beiden Jungs den Stall. Antonia und Lisa begannen, Wolkes Hufe mit feuchten Tüchern zu kühlen.

Einige Zeit später erschienen Maxl und Linchen. Jeder von ihnen schleppte ein mächtiges Büschel Gras mit sich.

»Haben wir extra für Wolke gerupft«, erklärte Maxl.

»Ganz frisch, damit sie bald wieder gesund wird«, ergänzte Linchen.

Lisa stellte sich den beiden in den Weg und schloss die Boxentür, ehe sie das Grünfutter in die Raufe stopfen konnten.

»Das darf Wolke jetzt nicht fressen«, erklärte sie. »Sie muss Diät halten. Das Gras würde sie noch kränker machen.«

Die beiden Kleinen sahen sie erschrocken an. Das wollten sie natürlich nicht!

»Werft das Gras in Sunnys Futterkiste!«, sagte Lisa. »Der freut sich drüber.«

»Was du alles weißt«, bewunderte Antonia ihre Freundin.

»Das hat mir der alte Dr. Vogelsang erklärt. Bei Hufrehe ist eine besondere Ernährung wichtig, nichts Frisches, kein Getreide, kein Kraftfutter.«

Linchen schüttelte die letzten Grashalme aus ihren Kleidern und kam zu Wolkes Box.

»Aber ein Märchen darf ich Wolke doch erzählen?«, erkundigte sie sich. »Märchen machen gesund!«

Antonia lächelte ihre kleine Schwester zärtlich an. »Logo!«

»Au ja, ein Märchen!«, rief Maxl.

Antonia hob Linchen auf die halbhohe Schwingtür.

»Also Wolke, pass auf!«, begann Linchen. »Kennst du das Märchen von den Bremer Stadtmusikanten?«

Wolke blickte das kleine Mädchen, das ihr Auge in Auge gegenübersaß, verwundert an.

Tatsächlich schien Linchen ihr Interesse zu wecken. Sie beschnupperte Linchens Knie.

Mit sanfter Stimme begann die Kleine zu erzählen. »Es war einmal ein altes, krankes Pferd.«

»Esel!«, protestierte Maxl im Hintergrund. »In dem Märchen kommt gar kein Pferd vor.«

Linchen drehte sich erbost um. »Psst!«, raunte sie. »Das weiß Wolke doch nicht!«

Maxl hielt sich mit weiterer Kritik zurück. Wolke spitzte die Ohren, als würde sie jedes Wort verstehen. Dass Linchen mit ihr sprach, tat ihr offensichtlich gut.

»Linchen lenkt sie tatsächlich von den Schmerzen ab«, flüsterte Antonia Lisa zu.

Lisa nickte.

»Und dann war das kranke Pferd wieder gesund und alle Tiere lebten glücklich bis an ihr Ende.« Damit endete Linchen.

»Das hast du aber schön erzählt«, lobte sie Lisa, während Linchen von ihrem hohen Sitz herunterkletterte.

»Und morgen erzähl ich Wolke wieder ein Märchen«, sagte Linchen.

»Wieder eines mit 'nem Pferd?«, fragte Maxl.

»Klar«, antwortete Linchen.

Inzwischen war es früher Abend geworden.
Auf dem Hof draußen hielt ein Wagen.

»Das muss Paps sein!«, rief Antonia und lief aus dem Stall.

Neben Dr. Vogelsang stiegen auch Frau Vogelsang und Mathilde aus dem alten Jeep. Frau Vogelsang, die sich in ihren neuen Beruf noch einarbeiten musste, wollte zusehen, wie ihr Mann und Mathilde das Pony behandelten. Dr. Vogelsang, der bisher fast ausschließlich mit Kleintieren zu tun gehabt hatte, hatte gleich nach dem Mittagessen alles über Hufrehe nachgelesen.

Auch Bauer Hasler kam nun in den Stall. Das Pony wurde unruhig, als so viele Leute sich vor seiner Box versammelten. Antonia klopfte ihm zärtlich den Hals und sprach leise auf es ein.

»Schonhaltung!«, stellte Mathilde mit einem kurzen Blick auf Wolke fest. »Sie versucht die Vorderhufe zu entlasten.«

Dr. Vogelsang nickte. Er beugte eines von Wolkes Vorderbeinen, um sich die Unterseite des Hufs anzusehen. Vorsichtig pochte er auf die Sohle. Wolke zuckte zusammen.

»Klopfempfindlich, Hufwand sehr warm, Mittelfußarterie pulsiert stark«, stellte er fest. »Kein Zweifel, dass es eine Laminitis ist. Zuerst müssen mal die Eisen runter.«

Bauer Hasler seufzte. »Und wer soll den Hufschmied bezahlen?«

»Ich!«, rief Antonia sofort. »Mein Sparschwein ist fast voll.«

Frau Vogelsang sah ihre Tochter bewegt an. Sie spürte, was Wolke für Antonia bedeutete. Und es beeindruckte sie, wie sehr ihre Toni Verantwortung für das Pony übernommen hatte.

»Ist der Hufschmied denn so teuer?«, fragte sie.

Bauer Hasler kratzte sich am Kinn. »Eines von den anderen Pferden hat ohnehin ein Eisen verloren, der Besitzer hat den Hufschmied schon bestellt. So fällt wenigstens schon mal die Anfahrt weg.«

»Habt ihr das Tier schon irgendwie behandelt?«, fragte Dr. Vogelsang.

»Wir haben den Stall mit Stroh ausgepolstert«, antwortete Lisa, »und die Hufe gekühlt.«

»Gut!«, sagte Dr. Vogelsang und sah dann etwas unsicher zu Mathilde hinüber. »Ich denke, ich spritze Wolke jetzt ein Schmerzmittel und danach Heparin.«

Mathilde nickte zufrieden. »Genau richtig, mein Ju… – äh, mein Dr. Vogelsang!«, verbesserte sie sich dann schnell.

Bauer Hasler seufzte. »Was das wieder kostet!«

Dr. Vogelsang winkte ab. »Machen Sie sich darüber keine Sorgen! Ich übernehme das. Schließlich hat Toni hier umsonst das Reiten gelernt.«

»Danke, Paps!«, stieß Antonia aus. »Meinst du, du kriegst Wolke wieder hin?«

Mit ernstem Gesicht klopfte ihr Vater den

Hals des Ponys. »Ehrlich gesagt, ich weiß es nicht. So eine chronische Hufrehe …« Er machte eine kurze Pause und fuhr dann fort: »Achtet jedenfalls strikt auf die Ernährung! Nur abgelagertes Heu, auf keinen Fall Kraftfutter! Und als Einstreu wären Torf oder Sand besser. Von dem Stroh frisst Wolke am Ende zu viel und bekommt Verstopfung.«

Während Dr. Vogelsang dem Pony die beiden Spritzen gab, holte Mathilde einen Eimer aus dem Jeep.

»Der letzte Eimer von Ernsts Rehepulver.« Sie wandte sich Lisa zu. »Du weißt sicher noch, wie's geht.«

Lisa nickte. »Aus einem Becher Wasser und einem Becher Pulver eine Paste mischen und Umschläge machen.«

»Was ist da drin?«, fragte Dr. Vogelsang interessiert.

»Alaun, essigsaure Tonerde, Arnika, Kampfer, Eukalyptus- und Rosmarinöl«, antwortete Mathilde wie aus der Pistole geschossen. »Wirkt gut, wenn das Zeug regelmäßig angewendet wird.«

»Das mach ich!«, sagte Antonia. »Ich mach alles – wenn Wolke nur wieder gesund wird.«

6. Tierisch und menschlich

In den nächsten Tagen tauchte Antonia nur noch zu den Mahlzeiten im alten Forsthaus auf. Sie wich nicht von der Seite des kranken Ponys. Die Jungs hatten etliche Schubkarren Sand in der Box verteilt, sodass Wolke nun auf einem weichen Sandpolster stand.

Einige Tage später kam der Hufschmied auf den Hof, ein großer muskulöser Mann. Antonia war sehr besorgt, dass der grobschlächtig wirkende Mann mit der Lederschürze Wolke wehtun könnte. Aber da hatte sie sich getäuscht. Mit fachmännischem Blick erkannte der Hufschmied, was mit Wolke los war.

»Na, meine Kleine«, sagte er und gab ihr einen

freundlichen Klaps, »machst du uns schon wieder Kummer?«

So behutsam wie möglich entfernte er die Eisen an den Vorderhufen. Wolke schien ab und zu zusammenzuzucken. Aber Antonia hatte sich die Prozedur viel schlimmer vorgestellt.

»Super!«, sagte sie erleichtert, als Wolke endlich ausgeschuht war. »Das haben Sie echt super gemacht!«

»Wir sind ja auch schon alte Bekannte, die Wolke und ich«, antwortete der Hufschmied, während er seine Gerätschaften zusammenpackte. »Soll ich die Rechnung an Herrn Hasler schicken?«

Antonia schüttelte den Kopf. »Bloß nicht!«, sagte sie. »Ich bezahl das!«

Sie drehte sich zu Lisa um, die etwas abseits stand, damit es in der Box nicht zu eng wurde. »Lisa, hol mir doch bitte aus dem Rucksack da drüben mein Sparschwein.«

Lisa kramte das Sparschwein aus Antonias Rucksack und reichte es ihr.

»Du zahlst das?«, der Hufschmied sah Antonia verwundert an. »Ist Wolke jetzt dein Pony?«

»Leider nicht«, gab Antonia leise zurück. »Aber ich darf sie reiten. Die Besitzerin kümmert sich ja nicht mehr um sie. Und einer muss sich doch um sie kümmern. Sonst …« Sie schwieg beklommen.

Der Hufschmied rieb sich nachdenklich am Ohr. »So ist das? Wie viel ist denn da drin?« Er deutete auf das Sparschwein.

Antonia entfernte den Gummideckel auf der Unterseite und schüttete den Inhalt auf eine Pferdedecke.

»Na, dann gib mir mal den hier!«, sagte der Hufschmied.

Antonia reichte ihm den gewünschten Geldschein. »Mehr nicht?«

Der Schmied schüttelte den Kopf. »Lass mal gut sein, Mädel! – Ich fürchte, du wirst das Geld noch brauchen. Spar mal schön weiter! Wenn die Rehe so weit ausgeheilt ist, sollte Wolke unbedingt Spezialhufeisen bekommen, Hufreheeisen, und die sind nicht gerade billig, aber enorm wichtig zur Vorbeugung. Ähnlich wie orthopädische Spezialschuhe beim Menschen, die kosten ja auch ordentlich.«

Als der Hufschmied den Hof verlassen hatte, schmiegte sich Antonia an Wolke.

»Der war echt nett«, sagte sie zu Lisa. »Alle zusammen werden wir Wolke schon wieder gesund kriegen. Oder …?«

Lisa nickte stumm.

Auch Linchen und Maxl nahmen innigen Anteil an Wolkes Erkrankung. Linchen kam, wie sie versprochen hatte, tatsächlich jeden Tag mit einem

Märchen an. Antonia und Lisa amüsierten sich, wie die Kleine es schaffte, jedes Mal ein Pferd einzubauen. Maxl, der sich normalerweise nicht lange ruhig halten konnte, hörte ihr dann wie gebannt zu. Und er protestierte nicht einmal, als Rotkäppchen auf einem weißen Pony zur Großmutter ritt. Wolke schienen die Geschichten tatsächlich gut zu tun. Antonia hatte den Eindruck, als hätte das Pony weniger Schmerzen, was aber vielleicht auch daran lag, dass es regelmäßig Umschläge bekam und ihr Vater es mit Medikamenten versorgte.

Dr. Vogelsang, der zunächst noch sehr unsicher in der Behandlung von Großtieren gewesen war, wurde in diesen Dingen immer fachkundiger. Er hatte inzwischen mehrere Kühe in der Umgebung erfolgreich verarztet, und auch Wolke schien auf seine Behandlung anzusprechen. Trotzdem war er froh, dass ihm Mathildes Erfahrungsschatz zur Verfügung stand.

    Auch Frau Vogelsang fand sich immer besser in ihrem neuen Beruf zurecht. Jeder Tag brachte etwas Neues, sogar ein Chamäleon war neulich unter den Patienten gewesen.

Als sie heute den letzten Besucher aus dem Wartezimmer in den Behandlungsraum bitten wollte, saß da nur noch ein altes zerknittertes Mütterchen mit einem karierten Kopftuch.

Frau Vogelsang sah die alte Frau verdutzt an. »Und wo ist der Patient?«

»Häh?«

Frau Vogelsang wiederholte ihre Frage lauter, offenbar hörte die Besucherin schlecht.

Ohne ihr zu antworten, erhob sich die alte Frau ächzend von ihrem Platz, griff nach einer alten Tasche und einem Stock und humpelte zielstrebig in den Praxisraum.

Frau Vogelsang folgte ihr. Den fragenden Blick ihres Mannes beantwortete sie mit einem ratlosen Schulterzucken.

»Und was kann ich für Sie tun?«, fragte Dr. Vogelsang.

»Häh?« Das Mütterchen hielt die Hand ans Ohr.

»Was ich für sie tun kann?«, brüllte Dr. Vogelsang.

Die alte Frau deutet mit dem Stock auf ihn.
»Bist du der neue Doktor?«

Dr. Vogelsang nickte.

»Die Gaulsalbe ist alle!«, sagte sie mit einem kleinen Krächzen in der Stimme, das Dr. Vogelsang an ein rostiges Scharnier erinnerte.

»Die Gaulsalbe …?«, erkundigte er sich, so laut er konnte. »Was hat das Pferd denn?«

»Pferd?« Die Alte schüttelte ungeduldig den Kopf.

»Gaulsalbe«, schrie Frau Vogelsang der eigenartigen Besucherin ins Ohr. »Gaulsalbe ist ja wohl für ein Pferd.«

Die Alte sah Frau Vogelsang völlig verständnislos an. Dann setzte sie sich umständlich auf einen Stuhl und raffte ihren weiten Rock hoch. Dr. Vogelsang sah peinlich berührt weg, ehe das Darunter zum Vorschein kam.

Geschäftig rollte das alte Mütterchen einen braunen Strumpf herunter. Frau Vogelsang dämmerte allmählich etwas.

Sie öffnete die Tür und rief ins Treppenhaus. »Mathilde, kommst du mal eben?«

Sekunden später erschien Mathilde im

Behandlungsraum. Mit einem Blick erfasste sie die Situation. Ein Grinsen zog über ihr gutmütiges Gesicht, als sie Dr. Vogelsangs hilflosen Blick auffing.

»Na, Stadlerin«, begrüßte sie die Alte in vollster Lautstärke. »Ist es wieder mal das Knie?«

Erleichtert, dass sie endlich jemand verstand, nickte die Alte. »Die Gaulsalbe ist alle.«

Sie rollte den Strumpf wieder hoch und ließ den Rock herunter. Dr. Vogelsang atmete auf. Mathilde holte einen großen Cremetopf aus dem Medizinschrank.

»Hier«, sagte sie und drückte der ungewöhnlichen Patientin die Dose in die Hand. »Wird schon wieder werden mit dem Knie!«

Die alte Frau sah scheu zu Dr. Vogelsang hinüber. »Was bin ich schuldig?«

Mathilde winkte ab. »Ist schon recht, Stadlerin«, sagte sie und half ihr hoch.

Die Alte ließ die Dose in ihrer abgeschabten Tasche verschwinden. »Vergelt's Gott!«

»Segne's Gott!«, antwortete Mathilde und führte die Alte hinaus.

»Wer war das denn?«, fragte Frau Vogelsang ganz verdattert, als Mathilde zurückkam.

»Die alte Stadlerin. Die wohnt in dem verfallenen Haus unten am Bach. Hat kein Kind und kein Kegel, nur eine alte Katze. Leider hat sie so gut wie keine Rente. Muss schon an die neunzig sein. Ernst behandelt sie schon ewig, – Rheuma. Und die ›Gaulsalbe‹«, Mathilde lachte, »ist eine von Ernsts Spezialmischungen. Die hat er eigentlich für Pferde und andere Tiere mit Gelenkschmerzen entwickelt.«

»Aber als Tierarzt hat man doch keine Approbation, Menschen zu behandeln«, wandte Dr. Vogelsang ein.

Mathilde winkte ab. »Die Salbe hilft der alten Stadlerin genauso gut wie jedem Pferd. Da ist Lanolin drin, Bienenwachs, Rosskastanientinktur und Wacholderöl. Die Stadlerin schwört jedenfalls drauf.« Sie lächelte. »Ja, mein Junge, das hier ist eben eine Landtierarztpraxis.«

»Und da ist eben tierisch *und* menschlich was los – wie ich immer sage«, ergänzte Frau Vogelsang und klopfte ihrem Mann auf die Schultern.

7. Eine Idee und eine Enttäuschung

Wolke erholte sich langsam, aber stetig. Antonia war sehr erleichtert, dass es dem Pony besser ging. Und doch kamen ihr ab und zu die Tränen, während sie Wolke versorgte. So auch heute. Lisa sah sie mitfühlend an.

»Glaubst du, Wolke wird noch abgeholt?«, fragte Antonia bang.

Lisa zuckte traurig mit den Schultern.

»Bestimmt nicht«, sagte sie dann schnell, als sie Antonias erschrockenen Blick sah.

Antonia wischte sich eine Träne weg. »Wenn ich Wolke doch nur behalten dürfte!«

Lisa, die eben Sunny striegelte, legte die Bürste weg. »Mensch, Antonia! Warum eigentlich nicht? Mein Dad wäre froh, wenn endlich jemand für

Wolke aufkäme. Wenn sie verkauft wird – viel kommt dabei bestimmt nicht rüber.«

Antonia horchte auf. »Meinst du, dein Vater würde sie mir geben?«

»Könnte ich mir schon vorstellen«, antwortete Lisa. »Die Stallschulden sind inzwischen schon höher als das, was Wolke jetzt wert ist, wo sie so krank ist.«

Antonia fiel Lisa um den Hals. »Meinst du? Ich hab doch nächste Woche Geburtstag. Vielleicht …« Mit leuchtenden Augen lief sie zur Stalltür. »Ich frag gleich meine Eltern. Drück mir die Daumen!«

Herr und Frau Vogelsang saßen vor dem alten Forsthaus in der Abendsonne, als Antonia heimkam. Sie warf ihr Fahrrad auf den Boden und rannte auf die beiden zu.

»Krieg ich Wolke zum Geburtstag?«, platzte sie heraus. »Ich wünsch mir auch nichts anderes! Und ich kümmere mich um sie. – Immer und ewig! Ich versprech's!«

»Langsam, langsam!«, bremste sie ihr Vater.

»Das Pony gehört weder dir noch Herrn Hasler.«

»Aber ...«, wandte Antonia ein und brachte dann ausführlich vor, was Lisa ihr erklärt hatte.

Frau Vogelsang runzelte die Stirn. »So ein Tier kostet einen Haufen Geld, mit deinem Taschengeld ist das nicht getan. Und es macht tagtäglich Arbeit. Was, wenn wir mal in Urlaub fahren wollen?«

»Dann kümmert sich bestimmt Lisa um Wolke. – Außerdem will ich gar nicht in Urlaub fahren. In Bärental ist es superschön!«

»Dann hast du deine Meinung ja gründlich geändert«, antwortete Dr. Vogelsang. »Trotzdem, das Pony ist chronisch krank. Ich glaube ehrlich gesagt nicht, dass es noch mal richtig gesund wird.«

Frau Vogelsang zog ihre Tochter zu sich auf die Bank und nahm sie in den Arm. »Toni, Papa hat recht. Es muss nun wirklich nicht sein, dass du ein eigenes Pferd bekommst. – Noch dazu ein krankes. Das wird einfach zu teuer. Du kannst doch jederzeit auf den anderen Pferden bei den Haslers reiten.«

Antonia riss sich los. »Das versteht ihr nicht! Ich will kein anderes Pferd reiten. Wolke hat nur mich. Wer weiß, was sonst aus ihr wird?« Tränen schossen aus ihren Augen. »Dann braucht ihr mir gar nichts zum Geburtstag zu schenken! Das ist gemein! So gemein!«

»Antonia!« Die Stimme ihres Vaters klang gereizt.

Aber das hörte Antonia nicht mehr. Sie war schon ins Haus gelaufen. Mit einem Rumms fiel die Tür ins Schloss.

Für einen Moment war es still auf der Bank vor dem Haus.

»Was denkst du, Martin?«, fragte Frau Vogelsang.

Dr. Vogelsang starrte in die Ferne. »Es wäre gegen alle Vernunft.«

Seine Frau nickte. »Vernünftig wäre es wirklich nicht.«

Antonia erschien an diesem Abend nicht zum Essen.

Als Dr. Vogelsang den anderen erzählte, was vorgefallen war, meinte Mathilde: »Toni hängt mit ganzem Herzen an Wolke. Ich hab sogar schon Fälle von chronischer Hufrehe gesehen, die wieder geworden sind. Das ist zwar selten, aber bei guter Pflege und vernünftiger Haltung könnte das Pony gesund werden. Wenn ihr mich fragt, ich finde, Toni hat bewiesen, dass sie Verantwortung übernehmen kann.«

»Mathilde!«, wehrte Dr. Vogelsang ab. »In einem von tausend Fällen kommt eine chronische Rehe vielleicht wieder in Ordnung.«

»Mein Junge, wer von uns beiden hat mehr Erfahrung mit Großtieren?«, entgegnete Mathilde verschnupft. »Du hast bisher vor allem Bücherwissen!«

»Toni würde es bestimmt schaffen, dass Wolke wieder gesund wird«, mischte sich nun Felix ein. »So viel Zeit wie sie nimmt sich kein anderer für sein Pferd.«

»Und die Stallmiete?«, fragte Frau Vogelsang. »An die Kosten denkt ihr Kinder nie.«

»Wir könnten Wolke im Garten einen Stall bauen«, schlug Felix vor. »Wozu leben wir denn auf dem Land?«

»Moment mal«, bremste ihn Mathilde. »Pferde sind Herdentiere. Die kann man nicht einzeln halten. Das geht wirklich nicht!«

Enttäuscht zog Felix die Unterlippe vor.

Linchen hatte, den Finger in der Nase, das Gespräch bisher stumm verfolgt.

»Die Wolke wird bestimmt wieder gesund«, verkündete sie nun im Brustton der Überzeugung. »Ich erzähl ihr ja jeden Tag ein Märchen.«

Sie kletterte von ihrem Stuhl herunter, wobei sie Bernhard, der unter ihr lag, auf den Schwanz trat. Bernhard warf ihr einen gekränkten Blick zu.

Linchen lief zum anderen Ende des Tisches und erklomm den Schoß ihres Vaters.

Sie wand ihre Ärmchen um seinen Hals. »Papsili, die Wolke ist so lieb. Warum darf Toni Wolke nicht behalten?«

Dr. Vogelsang seufzte und befreite sich unwirsch aus der Umarmung seiner Jüngsten. »Weil es unvernünftig ist!«

Linchen sprang von seinem Schoß herunter.

»Papsili, du bist ein Dummer!«, schnaubte sie und marschierte wie ein Ausrufezeichen aus der Küche.

»Caroline!«, rief ihr Dr. Vogelsang nach.

Felix stand vom Tisch auf. »Ich versteh euch auch nicht! – Tut mir leid, echt nicht!«

Frau Vogelsang sah gedankenvoll aus dem Fenster. »Vielleicht sollten wir wirklich noch mal alles überdenken, Martin.«

»Fällst du mir jetzt auch noch in den Rücken!«, brauste Dr. Vogelsang auf. »Und ich bin wieder mal der Buhmann vom Dienst!«

Mathilde erhob sich. »Wenn du meinst, mein Junge!«, sagte sie und begann, den Tisch abzuräumen.

Linchen war wutentbrannt in ihr Zimmer gestiefelt. Antonia tat ihr ja so leid! Sie kauerte sich vor den Meerschweinchenkäfig und holte Schweini und Ferkel heraus. Es tat gut, das weiche, flauschige Fell der zwei kleinen Fellnasen zu spüren. Mit einer dicken Donnerfalte auf der Stirn grübelte sie nach. Dann stand die entschlossen auf und schleppte ihre beiden Lieblinge die steile Treppe zu Antonias Turmzimmerchen hoch. Da sie keine freie Hand hatte, öffnete sie die Tür mit dem Kinn und trat, ohne zu klopfen, ein. Antonia lag, das Gesicht im Kissen verborgen, auf ihrem Bett und schluchzte.

Als sie hörte, dass die Tür geöffnet wurde, rief sie unwillig: »Lasst mich in Ruhe! Ich will allein sein!«

»Ich bin's Toni«, antwortete Linchen. »Ich hab dir was mitgebracht.«

Antonia schüttelte, ohne sich umzudrehen, den Kopf und winkte ab. »Linchen, wirklich, lass mich jetzt allein!«

Doch plötzlich spürte sie etwas Weiches, Plüschiges an ihrem Arm. Sie fuhr hoch.

»Himmel!«, brüllte sie. »Was ist denn das?«

Linchen hatte Schweini und Ferkel ins Bett ihrer großen Schwester gesetzt. Durch Antonias Schrei und ihre unerwartete hektische Bewegung aufgeschreckt, verkrochen sich die beiden panisch unter der Decke.

»Das sind bloß Schweini und Ferkel«, erklärte Linchen. »Weil du doch so traurig wegen Wolke bist, wollte ich sie dir ausleihen. Damit du dich nicht so allein fühlst.«

Antonia seufzte. Linchen hatte manchmal wirklich die merkwürdigsten Ideen! Sie schlug

genervt die Bettdecke zurück. Zitternd vor Angst blickten ihr aus großen Knopfaugen die beiden Meerschweinchen entgegen.

»Ach du Scheibe!«, stöhnte Antonia, als sie Schweini hochhob, um ihn an Linchen zurückzugeben. Sie deutete angewidert auf fünf kleine Kotwürstchen.

»Das hat Schweini nur gemacht, weil du so geschrien hast«, entschuldigte Linchen ihr Meerschweinchen. »Da hat ihm bestimmt ganz doll gegraust.«

Antonia übergab nun auch Ferkel an Linchen und begann, das Betttuch abzuziehen. Obwohl sie innerlich vor Wut kochte, brachte sie es nicht fertig, mit Linchen, die ihr so treuherzig ihre pelzigen Freunde gebracht hatte, zu schimpfen.

Linchen setzte sich auf Antonias Schreibtischstuhl und kraulte die Meerschweinchen, während ihre Schwester ein frisches Betttuch holte. Nachdenklich sah sie aus dem Fenster. Irgendwie waren die Großen manchmal schwierig. Plötzlich bewegte sich etwas in der großen Tanne. Gespannt sah Linchen genauer hin.

»Ui«, rief sie Antonia zu, die eben wieder hereinkam. »Ein Eichhörnchen! Schau nur!«

Antonia nickte. »Das ist Sweety. Ich glaub, es wohnt in der Tanne.«

Sie nahm Linchen auf den Arm. Gemeinsam sahen sie Sweety zu, das sich an einem jungen Trieb zu schaffen machte. Das putzige Tierchen ließ Antonia ihren Ärger über Schweinis schlechtes Benehmen vergessen. Als das Eichhörnchen im Geäst untertauchte, setzte Antonia Linchen mitsamt ihren Meerschweinchen wieder ab.

»Das ist lieb von dir, dass du mir Schweini und Ferkel leihen willst«, sagte sie. »Aber wie du siehst, hab ich schon einen kleinen Freund da draußen.« Sie streichelte über Ferkels weiches Fell. »Aber weißt du, Wolke kann mir niemand ersetzen. Nichts auf der Welt könnte das.« Antonia kämpfte schon wieder mit den Tränen.

Linchen nickte bekümmert und zog mit ihren Meerschweinchen ganz geknickt wieder ab.

8. Unangenehmer Besuch

Antonia hatte eine schlechte Nacht. Erst konnte sie nicht einschlafen, dann wachte sie immer wieder auf. Die Sorge um Wolke drehte sich wie ein Hamsterrad in ihrem Kopf. Warum waren ihre Eltern auch nur so stur? Was geschah mit Wolke, wenn sie in neue Hände kam? Keiner würde das kranke Pony so pflegen wie sie!

Als Bertl sie mit seinem Morgenkonzert weckte, war an Einschlafen nicht mehr zu denken. Ein unbestimmtes, ungutes Gefühl saß ihr wie ein Gespenst im Nacken. Antonia zog sich rasch an und lief in die Küche. Heute war sie die Erste, die aufgestanden war. Sie schüttete nur ein Glas Milch hinunter und fuhr gleich zum Hasler-Hof hinüber.

Der Traktor stand mit laufendem Motor auf dem Hof. Bauer Hasler koppelte eben einen Anhänger an.

»Du bist früh dran!«, rief er ihr zu, als Antonia ihr Fahrrad abstellte.

»Ist Lisa drin?«, fragte Antonia.

Hasler nickte. »Ich fahr Dünger besorgen. Falls mich jemand vermisst, ich bin in zwei Stunden wieder da.«

»Morgen Toni!«, sagte Frau Hasler, als Antonia durch die Hintertür in die Küche kam. »So früh schon auf den Beinen? Hast du schon gefrühstückt?«

Antonia schüttelte traurig den Kopf. »Keinen Hunger!«

Frau Hasler sah Antonia mitfühlend an. »Wolke – stimmt's?«

Doch noch ehe Antonia antworten konnte, kam Lisa herein.

»Und?«, forschte sie gleich nach. »Was haben deine Eltern gesagt?«

»Fehlanzeige!«, antwortete Antonia bitter, und erzählte, wie das Gespräch gestern verlaufen war.

Lisa strich Antonia schweigend über die Schulter.

Frau Hasler seufzte. »Das musst du verstehen, Toni. Mein Mann sieht das ganz genauso. So ein krankes Tier ist eine Riesenbelastung. Wir können Wolke auch nicht ewig weiter mit durchziehen.«

Antonia schluchzte auf und rannte aus der Tür.

»Mama!«, sagte Lisa vorwurfsvoll und folgte ihrer Freundin, die gerade im Pferdestall verschwand.

Wolke ging es heute noch einmal deutlich besser als am Vortag. Sie begrüßte Antonia mit einem frohen Wiehern. Antonia streichelte den samtigen Kopf des Ponys, Tränen rollten über ihre Wangen. »Ich versteh das überhaupt nicht! Wolke ist schon fast wieder gesund. Und wenn sie mein Pony wäre, wäre sie auch für niemanden eine Belastung.«

Lisa sah sie scheu an. »Komm, Toni! Hilf mir bei der Stallarbeit. Das lenkt dich ab!«

Auch Felix war heute früher als sonst aufgestanden. Als er wenig später auf dem Weg zu Tobi war, kam ihm Frau Hasler im Auto entgegen. Sie hielt an und ließ das Fenster herunter.

»Ich fahr zum Einkaufen nach Altenmark. Tobi schläft wahrscheinlich noch. Aber die Mädchen sind schon bei den Pferden.« Sie hob die Augenbrauen. »Ziemlich gedrückte Stimmung.«

Felix nickte. Das konnte er sich vorstellen.

Tobi schlief nicht mehr. Er saß beim Frühstück, als Felix hereinkam. Die beiden Jungs waren sich einig, dass es doch wirklich die beste Lösung war, wenn Antonia das Pony übernahm. Warum waren Erwachsene manchmal nur so schwierig?

»Wo doch euer Dad Tierarzt ist«, sagte Tobi. »Da fallen diese Kosten schon mal weg.«

Draußen hielt laut knatternd ein Wagen.

»Wer ist das denn?«, rief Tobi. Er sprang auf und lief zum Fenster. »Ach du Scheibe!« Mit offenem Mund starrte er hinaus.

Felix rannte zu ihm hin. »Was ist?«

Stumm deutete Tobi auf einen schäbigen Lieferwagen mit einem verrosteten Pferdeanhänger.

Felix fiel das Herz in die Hose. »Pferdemetzgerei Butscher«, stand in verblichener Schrift auf dem matten Lack.

»Ich hab's geahnt«, stöhnte Tobi. »So ein krankes Pony nimmt keiner! – Außer …« Er nickte resigniert zum Fenster hinaus.

»Mist, was machen wir jetzt?«, fragte Felix entsetzt.

Aus dem Wagen schälte sich ein dicker, rotgesichtiger Mann in einem grauen Arbeitskittel.

Felix blieb fast das Herz stehen. »Der darf Wolke nicht kriegen! Auf gar keinen Fall!«

Tobi überlegte fieberhaft. »Lauf durch die Hintertür zum Stall rüber. Ich lenk den Kerl derweil ab. Die Mädchen sollen Wolke verstecken. Bis mein Vater wieder da ist, muss der Typ sowieso warten.«

Der Pferdemetzger sah sich suchend um. Da auf dem Hof niemand zu sehen war, ging er aufs Haus zu und klopfte. Zottl jagte wie ein Verrückter zur Tür und kläffte wie von der Tarantel gebissen.

Felix stand unterdessen an der Hausecke und wartete, bis Tobi den Mann hereingelassen hatte. Dann raste er zum Pferdestall hinüber.

»Schnell!«, brüllte er. »Wolke muss verschwinden. Sonst wird sie abgeholt.«

Lisa, die eben Sunnys Box ausmistete, stellte die Mistgabel beiseite. »Was ist los?«

Felix zeigte zur Tür. »Schau auf den Hof!«

Antonia war sofort alarmiert, als ihr Bruder so aufgeregt in den Stall platzte. Jetzt war es also so weit! Sie hatte es geahnt! Ihr schlechtes Gefühl heute Morgen hatte sie nicht getäuscht.

Die beiden Mädchen wurden blass, als sie den Wagen des Metzgers sahen.

»Ihr müsst Wolke sofort verstecken!«, rief Felix. »Tobi kümmert sich so lange um den Kerl.«

Lisa versuchte, ruhig zu bleiben. »Wir bringen sie zum Waldweiher. Komm, Toni, wir müssen uns beeilen!«

Wie hypnotisiert legte Antonia Wolke das Halfter an.

Tobi hatte den dicken Pferdemetzger inzwischen in den Flur gelassen. Zottl musste er mit Gewalt am Halsband festhalten, damit der Hund dem Mann nicht an die Waden ging. Zottl japste wütend nach Luft. Tobi wunderte es nicht, dass Zottl den Mann nicht riechen konnte. Ihm ging es genauso.

»Sperr den Köter weg!«, befahl der Besucher mit einer mürrischen Handbewegung.

Tobi zerrte Zottl in die Küche und schloss die Tür. Wütend kratzte der Hund am Türblatt und blaffte heiser.

»Ist dein Vater da?«, fragte der Mann. »Oder deine Mutter?«

Tobi schüttelte den Kopf. »Mein Vater müsste aber bald wiederkommen. Wollen Sie auf ihn warten?«

»Wenn's nicht zu lang dauert!«, brummte der Mann. »Soll hier ein Pony abholen. Kann ich's mir inzwischen ansehen?«

Tobi überlegte. Was sollte er jetzt sagen?
»Wo soll das Pony denn hin?«, fragte er, um Zeit zu gewinnen.

Der dicke Mann grinste spöttisch. »Du stellst vielleicht Fragen. In die Wurst natürlich!«

Tobi fühlte, wie eine unbändige Wut in ihm aufstieg. Er schluckte. Verstohlen lugte er aus dem kleinen Flurfenster hinaus. Antonia und Lisa führten Wolke eben über den Hof.

»Und, kann ich's mir jetzt ansehen?«, wiederholte der Metzger ungeduldig. »Muss einen Preis festmachen. Der Mann, der es loshaben will – ein gewisser Aumiller, hat gesagt, ich soll gleich mit dem Bauern abrechnen.«

»Davon weiß ich nichts«, entgegnete Tobi. »Keine Ahnung, um welches Pony es sich handelt, wir haben mehrere Pferde. Machen Sie das mit meinem Vater aus!«

Bei einem erneuten Blick aus dem Fensterchen stellte er erleichtert fest, dass die Luft jetzt rein war. Die Mädchen und Wolke hatten den Hof unbemerkt verlassen. Tobi atmete auf.

9. Der Plan geht auf

Da sich Wolkes Zustand in den letzten Tagen zum Glück deutlich verbessert hatte, konnte sie auf weichem Untergrund schon wieder fast schmerzfrei gehen. Nur wenn sie auf etwas Hartes trat, zuckte sie zusammen. Lisa wählte einen Weg, der hauptsächlich über Wiesen führte, und so kamen sie ganz gut voran. Die Mädchen sprachen nicht viel. Jede hing ihren Gedanken nach. Auch wenn keine von ihnen wusste, wie es nun mit dem Pony weitergehen sollte, eines war klar: Der Pferdemetzger würde Wolke ganz bestimmt nicht bekommen!

Der saß inzwischen ungeduldig auf einer Bank vor dem Haslerschen Haus und rauchte eine Zigarette nach der anderen.

Felix war hintenherum wieder in die Küche gekommen.

»Ein widerlicher Typ«, stöhnte Tobi und zeigte aus dem Küchenfenster, durch das man auf den roten Stiernacken des unsympathischen Besuchers sehen konnte.

Etwa eine halbe Stunde später tuckerte Bauer Hasler mit seinem Traktor auf den Hof. Als er den Wagen mit dem Pferdeanhänger sah, runzelte er die Stirn. Er stellte den Motor ab und sprang vom Trecker.

Der Metzger stand auf und ging auf den Bauern zu.

»Butscher!«, sagte er und streckte ihm die Hand entgegen. »Soll hier einen fußkranken Isländer abholen und gleich mit Ihnen abrechnen. Sie wissen Bescheid?«

Herr Hasler kratzte sich am Kinn. »Dann hat dieser Aumiller also keine andere Lösung gefunden«, murmelte er.

Es war ihm anzusehen, dass er über Butschers Besuch nicht gerade erfreut war.

Butscher zog die Hand zurück, da Herr Hasler nicht einschlug. »Hab nicht viel Zeit, hab eine halbe Ewigkeit auf Sie gewartet. Kann ich den Gaul sehen?«

»Da drüben!«, knurrte der Bauer und führte den Metzger in den Pferdestall.

Tobi und Felix traten aus der Haustür. Zottl raste wie wild auf den verhassten Eindringling zu.

»Aus und Fuß, Zottl!«, befahl Herr Hasler, ehe der aufgebrachte Hund sich auf seinen Begleiter stürzen konnte. Widerstrebend gehorchte Zottl.

»Das versteh ich nicht!« Herr Hasler starrte auf Wolkes leere Box. »Warum sind die anderen Pferde alle da und ausgerechnet der Isländer nicht. Das Tier ist krank, es kann kaum gehen.«

Die Jungs waren den Männern gefolgt. Mit ziemlich gemischten Gefühlen standen sie in der Stalltür. Zottl lief zu ihnen hin. Tobi hielt ihn am Halsband fest und tätschelte ihn beruhigend.

Herr Hasler drehte sich zu ihnen um. »Wisst ihr, wo das Islandpony ist?«

Die beiden sahen ihn verlegen an, antworteten aber nicht. Dem Bauern ging urplötzlich ein Licht auf. »Haben die Mädchen etwa …?«

Er kratzte sich am Kinn. Dann gab er sich mit einem Mal einen Ruck. »Tja, das tut mir leid, Herr Butscher, das Pony ist nicht da. Ich glaube nicht, dass Sie es mitnehmen können.«

Butscher lief rot an, seine Augen verschmälerten sich. »Den halben Vormittag hab ich verplempert, für nichts und wieder nichts!

Dann bezahlen Sie mir jedenfalls die unnötige Anfahrt!«

Herr Hasler verschränkte die Arme und warf ihm einen frostigen Blick zu. »Ich erinnere mich nicht, Ihnen einen Auftrag erteilt zu haben.«

Der Metzger ballte die Fäuste. »Sie werden noch von mir hören!«

Ohne die beiden Jungs eines Blickes zu würdigen, stampfte er aus dem Stall. Zottl knurrte. Tobi ließ ihn laufen. Amüsiert beobachteten die Freunde, wie der kleine Hund Butscher Beine machte. Nach einem unchristlichen Fluch knallte der dicke Metzger die Wagentür zu. Mit Triumphgebell jagte Zottl das Auto vom Hof.

»Bande!«, brummte Herr Hasler und ging auf die beiden Jungs zu. »Und? – Wo ist das Pony?«

Tobi und Felix drucksten herum.

»Ihr könnt schon rausrücken. Ich hätt's ja selber nicht übers Herz gebracht, das Tier dem Metzger zu überlassen.« Der Bauer seufzte. »Auch wenn das Problem nun wieder nicht gelöst ist.«

»Papa«, begann Tobi. »Vielleicht gibt es eine viel bessere Lösung.«

Felix nickte und dann erzählten die zwei von Antonias Herzenswunsch, das Pony ganz zu übernehmen.

»Wenn Paps und Toni sich um Wolke kümmern, kann sie ganz gesund werden – Mathilde kennt Fälle, wo sogar eine chronische Hufrehe ausgeheilt ist«, sagte Felix. »Und am kommenden Mittwoch hat Toni Geburtstag …« Er sah Herrn Hasler flehend an.

»So?« Tobis Vater warf ihm einen prüfenden Blick zu. »Und was sagen eure Eltern?«

»Mama meint, die Stallmiete wäre zu teuer«, gab Felix bedrückt zu.

Der Bauer kratzte sich nachdenklich am Kinn. »Die Stallmiete …«

Dann klopfte er Felix auf die Schulter. »Aber jetzt holt die Ausreißer zurück! Ihr könnt ihnen sagen: Vorerst bleibt alles, wie es ist.«

10. Ein ungewöhnliches Geburtstagsfoto

Während die beiden Freunde auf ihren Fahrrädern zum Waldweiher preschten, machte sich Herr Hasler auf den Weg zum alten Forsthaus.

Dr. Vogelsang staunte nicht schlecht, als seine Frau den letzten Besucher vor der Mittagspause hereinrief und der Nachbar im Behandlungsraum erschien. Nach der Erfahrung mit der alten Stadlerin neulich fragte er sich einen Moment lang, ob Onkel Ernst wohl das ganze Dorf behandelt hatte.

Da Bauer Hasler aber kein Freund von langen Reden war und ohne Umschweife zur Sache kam, erfuhr er schnell, dass es diesmal nicht um einen medizinischen Rat ging.

Antonia war sehr erleichtert, dass Wolke, der es von Tag zu Tag besser ging, vorerst weiter auf dem Hasler-Hof bleiben durfte. Dennoch quälte sie die Unsicherheit über die Zukunft des geliebten Ponys. Immer wieder versuchte sie, mit ihren Eltern über Wolke zu reden. Aber die ließen sich auf keine Diskussion ein. Und selbst Mathilde, die sonst immer auf ihrer Seite gewesen war, zuckte nur mit den Achseln und gab ein paar nichtssagende Trostsprüche von sich, wenn Antonia sie auf das Thema ansprach.

Dann kam Antonias Geburtstag.

Wie so oft war es Bertl, der Antonia aus dem Schlaf riss. Sie stopfte sich die Finger in die Ohren. Wozu aufstehen? Anders als sonst hatte sie heute kein bisschen Geburtstagslaune. Es gab nichts, worauf sie sich freute. Die Sachen, die ihr früher viel bedeutet hatten, Markenjeans zum Beispiel, weil Lara die immer trug, oder die neue CD ihrer Lieblingsband, erschienen ihr plötzlich völlig wertlos, nichts, wofür es sich lohnte, das warme Bett zu verlassen. Sie drehte sich um und presste ein Kissen auf den Kopf. Wenn es wenigstens ihr achtzehnter Geburtstag wäre, dann könnte sie ihre eigenen Entscheidungen treffen – aber das dauerte noch Jahre! Trotz ihrer trüben Gedanken dämmerte Antonia nach einer Weile wieder ein.

Sie schlief immer noch, als schon alle um den gedeckten Frühstückstisch saßen und sich wunderten, warum das Geburtstagskind nicht längst aufgestanden war.

»Ich bin ganz doll gespannt und ich hab Hunger«, sagte Linchen schließlich und schielte auf den Schokoladenkuchen, den Mathilde extra für Antonia gebacken hatte. »Ich geh Toni wecken!«

Ihre Mutter nickte ihr zu. »Mach nur, es wird wirklich langsam Zeit!«

Wenige Minuten später kam Linchen, ihre große Schwester hinter sich herziehend, in die Küche.
»Zum Geburtstag viel Glück! ...« Vielstimmig schallte es Antonia entgegen.
»Morgen!«, brummelte Antonia und band ihren Morgenmantel zu.
Frau Vogelsang sprang auf und umarmte ihre Tochter. »Herzlichen Glückwunsch zum Geburtstag, mein Schatz!«
Von allen Seiten wurde Antonia nun umringt. Bernhard erhob sich umständlich und gesellte sich schwanzwedelnd dazu. Irgendetwas Besonderes ging heute in seinem Rudel vor. Mathilde hatte unterdessen die Kerzen auf dem Kuchen angezündet.
»Ausblasen und was wünschen!«, befahl sie.
Antonia lachte bitter. Trotzdem blies sie die Backen auf und pustete tatsächlich mit einem Schlag alle Kerzen aus.
Die anderen klatschten.

Antonia runzelte die Stirn. »Und? Kommt jetzt die gute Geburtstagsfee und erfüllt meinen Wunsch?«

»Sieh dir doch mal an, was in deinen Päckchen drin ist«, erwiderte ihre Mutter, ohne weiter auf Antonias Bemerkung einzugehen. Sie deutete auf einen Stuhl, der mit hübsch verpackten Geschenken beladen war.

Gleichmütig öffnete Antonia ihre Pakete. Ein neuer Schulrucksack war dabei, einer mit einem teuren Label, ein Doppelalbum ihrer Lieblings-Boygroup, ein Kosmetiktäschchen voll mit Haarschmuck – alles Sachen, über die sie sich normalerweise richtig gefreut hätte. Heute entlockten ihr diese Schätze nur ein artiges »Danke«.

Linchen stieß sie an und streckte ihr ein Bild hin. »Schau! Hab ich für dich gemalt!«

Antonia nahm Linchens Geschenk gerührt entgegen. »Das ist aber ein schöner Hund«, bedankte sie sich.

Die Kleine schüttelte beleidigt den Kopf. »Doch kein Hund!«

»Oh«, sagte Antonia. »Jetzt seh ich's, das ist Pippilinchen!«

»Du bist dumm«, beschwerte sich Linchen. »Das ist doch Wolke! Weil du …« Erschrocken steckte sie den Finger in die Nase. »Ui! – Ich sag nix!«

Antonia riss die Augen auf. Sie sah ihre Eltern an. Die zuckten lächelnd mit den Schultern. Felix grinste.

»Draußen wartet jemand, der dir auch noch gratulieren will!«, schaltete sich nun Mathilde ein und schob Antonia zur Terrassentür.

Mit klopfendem Herzen drückte Antonia die Klinke herunter.

Ein braunes Pony sah ihr entgegen, seine frisch gebürstete Mähne war mit bunten Schleifchen geschmückt.

»Wolke!« Mehr brachte Antonia nicht heraus. Ihre Arme umschlossen den Hals des Tieres.

»Überraschung!«, rief Lisa und trat in die Tür.

Antonia ließ Wolke los und umschlang ihre

Freundin. »Du hast es die ganze Zeit gewusst!«, rief sie fast ein bisschen vorwurfsvoll. »Und du hast dicht gehalten!«

»Ich aber auch!«, sagte Linchen stolz und schloss sich mit den Fingern den Mund zu.

»Ja, du auch!« Strahlend wirbelte Antonia ihre kleine Schwester im Kreis herum.

Frau Vogelsang schmunzelte. »Ist die Geburtstagsfee also doch noch gekommen.«

Antonia setzte Linchen ab und nickte Lisa glücklich zu.

Nun meldete sich Dr. Vogelsang zu Wort. »Wie du sicher weißt, erfüllen Feen Wünsche nur, wenn man bestimmte Bedingungen erfüllt.«

Antonia sah ihren Vater fragend an.

»Nun, liebe Fee …«, gab Dr. Vogelsang das Wort an Lisa.

»Es ist so«, begann Lisa. »Mein Vater hat mit deinen Eltern ausgemacht, dass du Wolke behalten darfst, wenn du die Stallmiete abarbeitest, so wie ich das für Sunny mache.«

»Wie soll das gehen?«, erkundigte sich Antonia unsicher.

»Du hilfst mir bei der Versorgung der Pferde –

nicht nur von Wolke, auch der anderen. Mein Vater denkt nämlich daran, noch zwei, drei weitere Pensionspferde aufzunehmen. Damit kann man momentan gut Geld verdienen. Aber das heißt dann natürlich auch mehr Arbeit.«

Antonia stieß einen Seufzer der Erleichterung aus. »Wenn das alles ist! Ich helf dir ja sowieso fast jeden Tag im Stall.«

Lisa grinste. »Dachte mir, dass das kein Problem ist. Blieben da allerdings noch der Hufschmied und die Tierarztkosten …«

Frau Vogelsang wedelte mit einem Kuvert. »Toni, das kam gestern von Oma und Opa. Dein Geburtstagbrief.« Sie hielt den Umschlag lächelnd an die Nase. »Riecht nach Geld, wenn du mich fragst.«

»Die Tierarztkosten übernehme ich«, sagte Dr. Vogelsang mit einem Augenzwinkern. »Und außerdem hab ich mit Lisas Vater eine Vereinbarung getroffen. Wenn eines der Hoftiere krank wird, muss er nur die Medikamente bezahlen.«

»Du bist wunderbar, Paps!«, rief Antonia und drückte ihrem Vater einen dicken Kuss auf die Wange. »Ihr seid alle wunderbar!«

Einen nach dem anderen umarmte sie stürmisch.

Als Felix an die Reihe kam, wehrte er sie verlegen ab. »Ist schon gut. Ich weiß auch so, dass ich wunderbar bin.«

»Und Wolke ist auch wunderbar!«, sagte Linchen und führte das Pony am Halfter in die Küche. »Sie will auch dabei sein.«

Wolke sah sich erstaunt um. So einen Stall hatte sie noch nie gesehen! Bernhard beschnupperte den ausgefallenen Gast interessiert.

»Ein Pferd in meiner Küche!«, empörte sich Mathilde, während sich die anderen vor Lachen krümmten.

»Das muss fotografiert werden«, rief der Vater. »Das Bild schicken wir den Großeltern!«

Schnell gruppierten sich alle um Wolke. Dr. Vogelsang stellte den Fotoapparat auf Selbstauslöser und beeilte sich, mit auf das Bild zu kommen.

»Klick« machte es.

Einige Tage später erhielten die Großeltern einen Brief mit einem sehr ungewöhnlichen Foto. Es zeigte eine strahlende Antonia, Linchen, den Finger in der Nase, Felix, der Lisa, die vor ihm stand, Fingerhörnchen machte, die Eltern Vogelsang und Mathilde, die missvergnügt das Pony beäugte, das schleifenverziert im Mittelpunkt stand. Am unteren Rand ragte eine Schwanzspitze ins Bild. Den Rest von Bernhard hatte die Kamera abgeschnitten.

Liebe Oma, lieber Opa!

Stellt Euch vor, ich habe jetzt ein eigenes Pony! Es heißt Wolke. Ist es nicht wunderschön? Vielen, vielen Dank für das Geld. Davon bezahle ich die neuen Hufeisen für Wolke. Mein erster Geburtstag in Bärental war der schönste Tag in meinem Leben.

Eure glückliche Antonia

PS: Hier könnt Ihr uns alle zusammen sehen. Nur Bernhard hat es nicht auf's Foto geschafft.

© Verlag Herder GmbH, Freiburg im Breisgau 2008
Alle Rechte vorbehalten
www.herder.de
Umschlaggestaltung: Weiß – Freiburg GmbH, Graphik & Buchgestaltung
Umschlagmotiv: Lisa Althaus
Satz: Barbara Herrmann, Freiburg
Herstellung: fgb · freiburger graphische betriebe
www.fgb.de
Gedruckt auf umweltfreundlichem, chlorfrei gebleichtem Papier
Printed in Germany
ISBN: 978-3-451-70873-2